1

Charades

Illustrations :
Dominique Pelletier

Compilation :
Julie Lavoie

Éditions
SCHOLASTIC

100 blagues! Et plus...
Nº 26
© Éditions Scholastic, 2010
Tous droits réservés
Dépôt légal : 4e trimestre 2010

ISBN 978-1-4431-0347-3
Imprimé au Canada   117

Éditions Scholastic
604, rue King Ouest
Toronto (Ontario)
M5V 1E1
www.scholastic.ca/editions

Vous manquez de sommeil? Bienvenue au club des zombies! Il est connu que le manque de sommeil a des effets néfastes sur la santé : perte d'énergie, diminution des réflexes, problèmes de concentration, trous de mémoire, etc.

3

Mon premier est un mois
du printemps.

Mon deuxième est une
syllabe du mot connaître
qui est aussi dans le mot
braconnage.

Mon troisième est l'organe de
l'odorat.

Mon quatrième fait de beaux
châteaux.

Mon tout est bien déguisé.

Ton nez peut reconnaître plusieurs
milliers d'odeurs. En vieillissant,
ton nez gagnera peut-être en taille,
mais il sentira de moins
en moins bien.

Mon premier n'est pas cuit.

Mon second est le féminin de il.

Mon tout est méchant.

- Est-ce que quelqu'un peut me dire quel est le meilleur moment pour cueillir les citrouilles? demande l'enseignant à ses élèves.

- Je le sais! répond Luc. C'est quand le propriétaire du champ est absent!

- Ce n'est certainement pas la bonne réponse...

- Mais oui, monsieur, j'en suis certain! C'est mon papa qui me l'a dit!

Est-ce une œuvre d'art? Une attraction touristique? À Seattle, aux États-Unis, un mur de brique est couvert de gommes à mâcher. Il y en a de toutes les couleurs, de toutes les grosseurs et de toutes les formes...

QU'EST-CE QUE L'ENSEIGNANT FANTÔME
DIT À SES ÉLÈVES FANTÔMES LA VEILLE
D'UN TEST?
RÉPONSE : N'OUBLIEZ SURTOUT PAS DE
PASSER À TRAVERS VOS NOTES...

Mon premier dure 365 jours.

Mon second est une boisson
chaude provenant d'Asie.

Mon tout fait peur.

À l'approche de l'Halloween, une enseignante demande à ses élèves de faire une courte composition sur le thème suivant : Si j'étais une chauve-souris... Tous les enfants se mettent à écrire, sauf Pascale qui ne se sent pas du tout inspirée.

- C'est un test, rappelle l'enseignante. Je vais seulement corriger l'orthographe et la grammaire. Alors, Pascale, si le sujet ne t'intéresse pas, ce n'est pas grave. Il faut seulement écrire quelque chose...

Pascale prend son crayon et commence : « Si j'étais une chauve-souris, je suis certaine que je ne serais pas en train de faire ce test ridicule... »

- Chérie, j'ai fait une bonne affaire. J'ai acheté trois gros sacs de friandises pour seulement 1 $! C'est écrit qu'il y a 1001 bonbons dans le sac. À ce prix, j'aurais dû en prendre plus!

- Je crois que tu vas en avoir assez... 10 01, ce n'est pas la quantité de bonbons, c'est la date d'expiration! (Octobre 2001)

POURQUOI LES SQUELETTES ONT-ILS TOUJOURS FROIDS?

RÉPONSE : PARCE QUE LE VENT PASSE À TRAVERS LEURS OS...

Les bras d'un orang-outan
peuvent mesurer
plus de 2,5 m
d'une main à l'autre!

À la fin de la soirée de l'Halloween, Jérémie et Juliette étalent leurs friandises sur la table de la cuisine. Plutôt gourmande, la fillette commence à échanger des bonbons avec son petit frère. La maman observe la scène.

- Juliette, il faut être juste avec ton petit frère. Si tu lui donnes cinq bonbons et que tu lui en prends 10, est-ce que c'est juste?

- C'est juste parfait, répond la fillette.

- Juliette, je répète, si tu lui en donnes cinq et que tu lui en prends 10, qu'est-ce que ça va faire?

- Ça va le faire pleurer, c'est certain.

- Juliette, est-ce que c'est égal? C'est ça ma question!

- Oui maman, ça m'est égal...

Attention aux oiseaux de malheur!
Le grand corbeau aime jouer.
Il ne faut pas lui en vouloir
s'il chipe votre balle de golf!

Pendant la guerre entre la France et l'Allemagne en 1870-1871, il y eut une période de famine. Les Parisiens avaient si peu à se mettre sous la dent qu'ils ont dû manger des animaux domestiques et des rats pour survivre.

La plupart des chauves-souris
ont une seule griffe :
sur le pouce.

Pierre et Jean se racontent des histoires de fantômes en se promenant dans le cimetière à proximité de leur maison. Tout à coup, ils entendent des bruits inquiétants : *Bang! Bang! Bang!* Blancs de peur, ils courent se cacher derrière une pierre tombale. Ils aperçoivent alors un vieil homme, tout courbé, qui frappe sur une pierre tombale avec une barre de fer rouillée.

- Monsieur! Vous nous avez fait si peur! Pourquoi frappez-vous sur la pierre tombale? Vous allez la détruire, dit Pierre.

- C'est exactement ce que je fais! J'en veux une neuve avec mon nom écrit sans fautes!

Mon premier est une pièce de jeu à six côtés.

Mon deuxième est ce que les enfants forment avant d'entrer dans l'autobus.

Mon troisième est la 7e lettre de l'alphabet.

Mon tout n'a pas toute sa tête.

Un papa vampire voit son fils qui revient de l'école avec sa belle cape neuve en lambeaux.

- Tu t'es encore battu! dit-il à son fils, l'air découragé.

- Ce n'était pas ma faute, dit le jeune vampire en mettant sa main devant sa bouche...

- Mais pourquoi caches-tu ta bouche? Aurais-tu encore perdu une dent?

- Non! Je ne l'ai pas perdue. Elle est dans mon sac d'école...

VRAI OU FOU?

1- Un tubitèle est une sorte
   d'araignée.

2- Une personne chafouine
   a la capacité de se
   contorsionner pour passer
   dans des endroits réduits.

3- La craniologie est l'étude
   de tous les aspects du crâne
   humain.

Si un jour tu visites la maison Helmcken, en Colombie-Britannique, ne sois pas surpris si le piano se met à jouer tout seul ou si de lourdes portes s'ouvrent comme par magie. On dit que la maison, aujourd'hui un musée, est hantée par ses anciens occupants.

Une enseignante de biologie apporte son squelette en plastique à la maison pour préparer son cours du lendemain. Dans le métro, elle installe le squelette sur le siège voisin du sien. Une vieille dame entre alors dans le wagon et plisse les yeux à la vue du squelette...

- Madame, cet enfant est bien maigre... Vous ne le nourrissez pas! Vous devriez avoir honte!

- Mais madame, ce n'est qu'un squelette!

- C'est ce que je vous dis! Cet enfant est squelettique! Il faut lui donner à manger...

- Mais je ne PEUX pas le nourrir! C'est un paquet d'os, madame!

- Je suis un peu sourde, mais je ne suis pas complètement aveugle! Si vous ne pouvez pas le nourrir, il faut vous faire aider... Prenez ce billet de 20 $ et achetez-lui à manger.

- Mais...

- Vous pourriez au moins me dire merci! Ah! Les jeunes d'aujourd'hui... Ils n'ont pas de manières! ajoute la vieille femme avant de partir.

Le soir du 31 octobre, un garçon rentre de l'école.

- Je voulais te faire une surprise, lui dit sa mère. J'avais fait des biscuits à la citrouille et aux cerises noires pour fêter l'Halloween, mais Filou les a tous mangés...

- Filou! Filou! Viens ici, mon brave chien, crie le garçon. Tu m'as encore sauvé! Ça va? Tu n'es pas malade, j'espère...

SAIS-TU POURQUOI DRACULA AIME LES CHEVAUX DE RACE?

RÉPONSE : PARCE QUE CE SONT DES PURS SANGS!

Il y a environ 500 ans, les gens vivaient rarement plus de 50 ans. Aujourd'hui, on peut espérer vivre beaucoup plus longtemps, voire même jusqu'à 100 ans!

QUE DIT UN POLICIER À DEUX BONBONS
QUI SE PROMÈNENT TOUT NUS DANS LA
RUE?

RÉPONSE : VOS PAPIERS, S'IL VOUS
PLAÎT!

Mon premier est une soirée dansante.

Mon second est synonyme d'affreux.

Mon tout est un outil de nettoyage.

Pour se nourrir, la chauve-souris vampire boit environ la moitié de son poids en sang chaque jour.

Le perçage corporel existait dans l'Antiquité et il est de retour en force. Il est très populaire auprès des jeunes, mais beaucoup moins auprès de leurs parents...!

QUEL EST LE COMBLE DE LA GLOIRE
POUR UNE ARAIGNÉE?

RÉPONSE : C'EST DE POUVOIR
EXPOSER SES TOILES
AU MUSÉE.

Mon premier est le petit de la biche.

Mon second se dit de volumes qui forment une série.

Mon tout est invisible.

COMMENT APPELLE-T-ON LE PÈRE ET
LA MÈRE DE L'HOMME INVISIBLE?

RÉPONSE : SES TRANSPARENTS...

Deux revenants discutent.

- J'ai décidé de suivre des cours
pour devenir archéologue.

- Quelle bonne idée! Tu pourras
m'aider à récupérer mes bijoux...

Deux vampires voyagent dans la savane africaine. Tout à coup, un tigre apparaît devant eux et s'apprête à bondir.

- Je n'ai aucune envie de me faire mordre! C'est moi qui croque d'habitude! dit l'un.

- Quand on le regarde dans les yeux, il a peur et s'enfuit. C'est écrit dans le guide! dit l'autre.

- Tu crois qu'il a lu le même guide que nous?

Quand vous brossez votre toutou, ne jetez plus ses poils! En France, une entreprise se spécialise dans le filage des poils de chiens. Vous envoyez les poils et on vous retourne des pelotes de laine. Tricotez-vous une belle tuque et un beau chandail naturellement assortis à votre animal de compagnie!

À Terre-Neuve,
il y a un endroit nommé
l'Isle aux morts...

Un homme cherche un appartement à louer. Lorsqu'il voit une annonce sur laquelle on peut lire « logement à louer, pas cher », il note l'adresse et se rend directement à la maison. Une vieille dame au dos voûté lui fait visiter l'appartement et lui explique qu'il est hanté. Ayant un budget limité, l'homme dit :

- Madame, je n'ai pas peur des fantômes. D'ailleurs, je n'y crois pas... Est-ce que je peux emménager tout de suite?

- Bien sûr, répond la vieille femme. Le loyer n'est pas cher, mais il faut me payer tout de suite les trois premiers mois.

L'homme paye et s'installe dans l'appartement. La nuit tombe et tout à coup, il entend une voix ténébreuse qui dit :

- Je vais te peler et te manger tout cru!

L'homme se sauve en courant sans même dire au revoir.

- Bien joué! Tu peux sortir de ta cachette, mon petit. Voilà une autre banane pour te récompenser, dit la vieille femme à son petit singe.

- Je vais te peler et te manger tout cru! répète celui-ci avant de manger sa banane.

Mon premier est le contraire
de vivant.

Mon second est l'abréviation
du mot « téléphone ».

Mon tout vit, du moins pour
le moment...

POURQUOI LA SORCIÈRE MODERNE RESTE-
T-ELLE À LA MAISON?

RÉPONSE : ELLE A CHANGÉ SON BALAI
           POUR UN ASPIRATEUR ET LE FIL
           N'EST PAS ASSEZ LONG POUR
           QU'ELLE PUISSE SORTIR...

Mon premier est la 26e lettre de l'alphabet en commençant par la fin.

Mon second est l'action de ramasser des fleurs ou des petits fruits.

Mon tout est la manière de recevoir quelqu'un.

DE QUELLE SORTE DE GROUPE LES VAMPIRES AIMENT-ILS FAIRE PARTIE?

RÉPONSE : D'UN GROUPE SANGUIN.

Le tissu camouflage sera bientôt chose
du passé. Des scientifiques ont réussi à
mettre au point des tissus qui changent
de couleur grâce à un dispositif
électronique. Le tissu adopte la couleur
de l'endroit où il se trouve.

Mon premier est la troisième voyelle de l'alphabet.

Mon second s'obtient quand l'eau se mélange à la terre.

Mon tout est un animal nocturne.

QUE DISENT LES PARENTS D'UN ZOMBIE LORSQU'ILS RENCONTRENT SA NOUVELLE PETITE AMIE?

RÉPONSE : OÙ L'AS-TU DÉTERRÉE CELLE-LÀ?

QUEL EST LE NOMBRE CHANCEUX DES VAMPIRES?

RÉPONSE : 100 (SANG)

Mon premier est la partie du corps qui soutient la tête.

Mon second est le contraire de pleurer.

Mon tout permet de ramasser plus de friandises le soir de l'Halloween...

- Ma chérie vampire, dis-moi ce que tu préfères? Un vampire beau et fort ou un vampire intelligent?

- Je dirais ni l'un ni l'autre.

- Alors tu ne m'aimes pas!

- Au contraire, je t'aime comme tu es...

QUELLES LETTRES ONT BESOIN D'UN PLÂTRE?

RÉPONSE : K C (CASSÉ)

Mon premier est le contraire
de vite.

Mon second est le contraire
de vif en parlant d'une couleur.

Mon tout se voit partout le
soir de l'Halloween.

QUAND PEUX-TU DIRE D'UNE SORCIÈRE
QU'ELLE EST VRAIMENT LAIDE?

RÉPONSE : QUAND LES ABEILLES FERMENT
LES YEUX POUR LA PIQUER.

Un monstre cueille des petits fruits rouges dans la forêt. Sa femme, aussi monstrueuse que lui, le regarde :

- Qu'est-ce que tu fais? À ton âge, tu devrais savoir que ces petites baies sont mortelles!

- Je sais, je ne suis pas fou! Je ne les ramasse pas pour les manger, mais pour les vendre...

QUELLES LETTRES TROUVE-T-ON AU CIMETIÈRE?

RÉPONSE : D C D (DÉCÉDÉ)
PHILIPPE
TORONTO

On estime que 20 millions
de chauves-souris vivent
dans la caverne de Bracken
au Texas.

Les premiers dentiers étaient constitués de dents humaines fixées sur des bases d'ivoire. Ils étaient attachés aux dents restantes par des fils de soie, d'argent ou d'or. Le premier dentier en céramique a été fabriqué vers 1788. Quelle amélioration!

Deux vieux sorciers se rencontrent.

- Comment ça va mon ami! Je ne t'ai pas vu depuis si longtemps!

- Pas tant que ça... On s'est vu la semaine passée, répond le sorcier.

- J'avais l'impression que ça faisait plus longtemps. Ma mémoire commence à flancher on dirait...

- Je peux te donner ma recette de potion antivieillissement du cerveau. J'en bois tous les jours et ça marche! Je passe au mélangeur des avocats, de la compote de citrouille, un peu de moutarde forte et une pincée de cannelle. Le goût est discutable, mais c'est excellent pour la mémoire.

- Ah oui? Et quelle quantité faut-il boire par jour?

- Euh... Deux, trois ou quatre verres peut-être... Je ne sais plus. Tu devrais demander à ma femme.

Un homme et un vampire sont assis dans un bar.

- Qu'est-ce que tu fais ici? dit le vampire.

- Il paraît qu'il y a un groupe rock qui joue à 20 h, Les Zombies.

- Si j'étais toi, je reviendrais demain parce que ce soir, c'est le Groupe sanguin!

En France, au Moyen Âge, on savait peu de choses sur le fonctionnement du corps humain. Des médecins et apprentis médecins ont décidé de parfaire leur formation en étudiant des cadavres « frais » qu'ils allaient eux-mêmes déterrer en cachette...

Au Moyen Âge, on traitait souvent
de sorcières les femmes qui soignaient
les malades avec des potions
à base de plantes.

SI JAMAIS TU RENCONTRAIS UN FANTÔME ET UN VAMPIRE QU'EST-CE QUE TU SOUHAITERAIS LE PLUS?

RÉPONSE : QUE CE SOIT L'HALLOWEEN!

Une souris discute avec sa copine araignée.

- Crois-tu vraiment que voir un chat noir porte malheur?

- Personnellement, je ne crois pas, mais si j'étais une souris, peut-être...

À l'époque victorienne, il était chic
d'exposer une main ou un pied
de momie dans sa maison.

Un homme téléphone à la maison de son travail. Sa petite fille répond :

- Oui papa, ton chat est mort.

- Quel malheur! Ce n'est pas de cette façon qu'on annonce une mauvaise nouvelle! Tu aurais pu me dire que mon chat était allé se promener lorsqu'il a eu un petit accident...

- Ah! Je comprends, dit la fillette, je ferai attention la prochaine fois.

- Est-ce que je peux parler à maman? demande le papa.

- Euh... Euh... Elle était partie se promener avec ton chat lorsqu'elle a eu un petit accident...

Deux poissons vont au cinéma pour voir le film NEMO.

- Je veux rentrer à la maison tout de suite! dit l'un. Je déteste les films d'horreur!

Mon premier sert aux enfants qui apprennent à être propres.

Il y a quatre de mon deuxième sur le drapeau du Québec.

Mon troisième est l'action de couper du bois avec une lame tranchante.

Mon tout assure la sécurité des citoyens.

Un bébé monstre se met à pleurer.

- Je dois aller le changer, dit la maman monstre au petit monstre de 4 ans, qui la suit partout.

- Ouiii! Change-le s'il te plaît! J'en veux un du même âge que moi. Comme ça, on pourra jouer!

Une maman monstre explique à son petit monstre :

- Tu sais, moi, j'ai toujours été la première de classe.

- C'est vrai?

- C'est vrai, et si tu veux, tu peux toi aussi être le premier de la classe.

- Comment je dois faire? demande le petit monstre.

- Moi, tous les matins, j'étais à l'école à 7 h...

QUE DIT-ON D'UN VAMPIRE CHANCEUX?

RÉPONSE : QU'IL A DE LA VEINE...

QUE DIT UN VAMPIRE BIEN ÉLEVÉ EN ABANDONNANT SA VICTIME?

RÉPONSE : MERCI BEAU COU.

Mon premier permet de couper
le bois.

Mon deuxième est le cri de la
vache.

Mon troisième est une partie
de ce qui est divisé en trois.

Mon tout est silencieux.

• •

Mon premier a perdu la vie.

Mon second est une artère où
circulent les voitures.

Mon tout ne bouge plus une
fois dans ton assiette...

Hockey masqué

Autrefois, les gardiens de but ne portaient pas de masque. Lors d'une partie, le 4 novembre 1959, le gardien des Canadiens, Jacques Plante, a dû aller au vestiaire pour y recevoir sept points de suture sous l'œil gauche.

Il a dit à son entraîneur qu'il était prêt à retourner au jeu, mais à condition de pouvoir porter le masque qu'il s'était fabriqué lui-même.

L'ail a des propriétés
antibactériennes reconnues depuis
l'Antiquité. La consommation
d'ail entraîne toutefois
un effet secondaire...

Mon premier est le pluriel du mot
« mal ».

Mon second est au milieu du
pain.

Mon tout est un corps d'humain
ou d'animaux embaumé.

• •

Mon premier est un métal
précieux.

Mon second dure 60 minutes.

Mon tout fait peur.

Il y avait tellement de momies
« en circulation » autour des années
1800 qu'elles ne valaient plus rien.
Des gens en ont utilisées pour
faire chauffer leur poêle.
Des momies auraient même été
utilisées comme combustible dans les
trains à vapeur quand le charbon
et le bois manquaient...

- Regarde! Il y a un araignée dans ta soupe! crie Lucie.

- Ce n'est pas un, mais une araignée, répond Nicolas.

- Comment sais-tu que c'est une fille?

Deux squelettes font un combat de boxe.

- J'aurai ta peau! dit l'un.

- Quelle peau? Allez, frappe encore! De toute façon, tu devrais savoir qu'on ne sortira pas d'ici vivants! dit l'autre.

Deux hommes travaillent dans un cimetière. L'un creuse les trous et dès qu'il a terminé, l'autre commence à les remplir. Une femme regarde les deux hommes travailler pendant un bon moment.

- Messieurs, je ne comprends pas ce que vous faites. Pourquoi remplissez-vous les trous avant d'y avoir mis les cercueils?

- C'est qu'il n'y a personne à enterrer cette semaine. Le prêtre est en vacances...

De 1913 à 1918,
toutes les voitures Ford
(modèle T) étaient noires.

Mon premier est au milieu lorsque tu prononces le nombre 21.

Mon deuxième est un petit insecte, parasite de l'homme.

Mon troisième gonfle les voiles du bateau.

On sert la nourriture sur mon quatrième.

Mon tout est effrayant.

Le jour de la Saint-Valentin, un jeune vampire timide fait une déclaration d'amour à sa petite amie.

- Je ne peux vivre sans sang... sans toi. Quand je suis sans sang... sans toi, tu me manques sang... bon sang!

La mère de Carlo a trois fils. Le premier s'appelle Pedro et le deuxième s'appelle Marco. Comment s'appelle le troisième?

Un jeune vampire rentre à la maison après avoir erré dans la ville toute la nuit.

- Tu devrais nous dire où tu es allé. Tu es couvert de sang frais. Miam!

- Je suis simplement allé me promener en ville.

- Il faut partager ton secret mon chéri. On irait bien prendre une petite collation...

La famille vampire se met alors en route. Après 30 minutes de marche, le jeune vampire montre quelque chose du doigt :

- Voyez-vous la pancarte au coin de la rue là-bas?

- Oui, oui...

- Eh bien moi, je ne l'avais pas vue...

Des perruques pour chiens! Une
entreprise de la Californie vend des
perruques conçues spécialement pour
les chiens. Il y en a pour toutes les
tailles et pour tous les goûts!

L'obésité est très répandue chez les humains, mais beaucoup d'animaux de compagnie en souffrent aussi. Des chercheurs soutiennent que les croquettes et les conserves pour les animaux fournissent trop de calories. Certains disent qu'il n'y a rien de mieux que les petits plats faits à la maison pour avoir un animal en santé.

QU'EST-CE QUE LES POULES ONT TOUJOURS ET QUE LES HUMAINS ONT AUSSI À L'OCCASION?

RÉPONSE : LA CHAIR DE POULE.

COMMENT LES VAMPIRES APPELLENT-ILS LEUR PROFESSEUR?

RÉPONSE : LEUR EN... SAIGNANT.

VRAI OU FOU?

1- Une hyperbole est une personne qui se distingue par son intelligence supérieure.

2 - Un thaumaturge est une sorte de magicien.

3 - Une teurgoule est une potion de sorcier à base de plantes et d'excréments d'animaux.

Vieillir en beauté... Il n'est pas rare
de voir des femmes âgées avec des
poils au menton et aussi au-dessus
de la bouche.

Les hommes, eux, ont souvent
des poils qui leur poussent dans le nez,
dans les oreilles et sur le pavillon
de celles-ci.

QUELLES SONT LES LETTRES LES PLUS VIEILLES DE L'ALPHABET?

RÉPONSE : A G

QU'ARRIVE-T-IL À UNE FILLE QUI SE DÉGUISE EN SOURIS À L'HALLOWEEN?

RÉPONSE : ELLE SE FAIT DÉVORER PAR UN CHAT!

M. LAROSE ET MME DUBUISSON
ONT UN FILS. COMMENT VONT-ILS
L'APPELER?

RÉPONSE : YVAN LAROSE-DUBUISSON

LA PLUPART DES GENS PLACENT LEUR
ARGENT À LA BANQUE. MAIS QUELLE EST
L'INSTITUTION DE CHOIX POUR LES
VAMPIRES?

RÉPONSE : LA BANQUE DU SANG.

Le soir de l'Halloween, un papa fait du porte-à-porte avec sa petite fille déguisée.

- Regarde, papa! Le monsieur est déguisé en épouvantail. La seule chose, c'est qu'il n'a pas de salopette... Pour le reste, c'est parfait!

- Ce monsieur n'avait probablement pas l'intention de se déguiser, ma chérie... Ce sont les vêtements qu'il porte d'habitude... explique l'homme à sa fille.

- Bonsoir, monsieur! dit la fillette. Pour quelqu'un qui n'avait pas l'intention de se déguiser, il est super votre costume!

Un homme se rend chez son voisin et frappe à la porte :

- Salut, Gérard! Je sais que tu es dur d'oreille... Sais-tu que ton fils a joué de la guitare électrique toute la nuit? Il a arrêté à 6 heures ce matin!

- Mon fils... Oui, je le sais, mais il ne faut pas t'en faire pour lui, il dort toute la journée.

- Vous aimez les souris? demande un sorcier lors de son premier rendez-vous avec une jolie sorcière.

- Je ne vois pas pourquoi je ne les aimerais pas, mon cher, je mange de tout.

Mon premier dure 365 jours.

Mon deuxième est un préfixe qui signifie deux.

Il y a douze mois dans mon troisième.

Mon quatrième est une syllabe du mot récompense qui est aussi dans le mot semestre.

Mon tout est synonyme d'atmosphère.

Maman zombie est partie faire les courses. Papa zombie fait la leçon à son fils :

- Si tu m'écoutes bien et que tu es sage, tu iras au ciel. Si tu ne m'écoutes pas, tu iras en terre...

- Mais papa, qu'est-ce que je dois faire si je veux aller au parc d'amusements?

Mon premier est le contraire de la mort.

Les bateaux flottent sur mon deuxième.

Mon troisième sert à la fabrication du yogourt.

Mon tout est une couleur secondaire.

• •

Mon premier s'obtient en mélangeant du jaune et du bleu.

Il y a souvent une ligne au milieu de mon second.

La sorcière aime gratter mon tout...

Aujourd'hui, lorsqu'une momie égyptienne est retrouvée, on ne la déshabille plus pour découvrir ses secrets. On l'examine avec une machine qui permet de voir à travers ses bandelettes. On fait aussi des tests d'ADN qui permettent parfois de trouver des liens de parenté entre deux momies.

Sur mon premier sont fixées les voiles du bateau.

Julien, Juliette, Jocelyne et Justin ont tous mon deuxième.

Mon troisième est la syllabe que tu obtiens en enlevant une consonne du mot chien.

Mon tout fait souvent des choses inexplicables.

Deux fantômes traversent un parc en pleine nuit. Tout à coup, l'un d'eux fait :

- Bouh! Hou! Hou!

- À qui essaies-tu de faire peur? Il n'y a que toi et moi ici!

- À personne! Je me suis cogné la tête contre un arbre! Bouh! Hou! Hou!

- Que dirais-tu si on organisait une petite fête d'Halloween à la maison? dit une maman à son garçon de six ans.

- Génial! Pour la fête, j'aimerais avoir un gâteau au chocolat et aux canneberges!

La maman visite tous les pâtissiers de la ville, mais aucun d'eux ne fait des gâteaux au chocolat et aux canneberges. Découragée, elle explique à une pâtissière :

- Il est si rare que mon garçon me demande de goûter à quelque chose de nouveau... Il veut un gâteau au chocolat et aux canneberges...

- Je vais vous en faire un, madame, mais comme c'est une commande spéciale, il vous coûtera 100 $.

- D'accord! dit la maman à la pâtissière. Je viendrai le chercher demain.

Le jour de la fête, son garçon s'exclame :

- Regardez, les gars! Un gâteau choco-canneberges! Je vous l'avais dit que ça existait! Maman, on peut avoir un gâteau au chocolat sans canneberges, s'il te plaît?

Parce qu'ils ont accès à des meilleurs
soins de santé et qu'ils ont une
meilleure alimentation, les humains
sont plus grands aujourd'hui qu'ils
ne l'étaient autrefois...

LES VAMPIRES MANGENT-ILS LEUR
MAÏS SOUFFLÉ AVEC LES DOIGTS?

RÉPONSE : NON, ILS MANGENT LES
DOIGTS À PART.

QUELS SONT LES BISCUITS
PRÉFÉRÉS DES VAMPIRES?

RÉPONSE : LES DOIGTS DE DAME.

Les Égyptiens croyaient que si leur
esprit pouvait vivre éternellement, leur
corps le pouvait aussi. Lorsqu'ils
momifiaient un corps, ils enlevaient et
conservaient ses organes internes
comme l'estomac et les poumons. Ils
laissaient toutefois le cœur à sa place
et se débarrassaient du cerveau! Selon
eux, on pensait avec le cœur, non pas
avec la matière grise...

Un fantôme rencontre un autre fantôme.

- Salut l'ami! Il y a un mouchoir qui traîne derrière toi.

- Ça, c'est mon chien...

Dans un manuel de survie de l'armée américaine se trouve une liste d'insectes savoureux et nutritifs pour se dépanner en cas d'urgence...

Pendant des siècles, on soignait les malades en leur appliquant des sangsues sur le corps. On utilise cette méthode encore aujourd'hui pour traiter certains problèmes de santé, mais sachant cela, tu ne te sens probablement pas malade...

Mon premier recouvre le corps humain.

Mon deuxième est confortable pour dormir.

Mon troisième ne dit pas la vérité.

Mon tout est relatif aux bonnes manières.

Donnez du sang pour sauver des vies. Lorsqu'une personne donne du sang, son corps met seulement quelques jours à reconstituer le sang donné.

Un homme va chez le médecin pour avoir les résultats de ses examens.

- J'ai une mauvaise nouvelle à vous annoncer. Vous êtes très malade et il ne vous reste que quelques mois à vivre.

- N'y a-t-il pas un moyen de me soigner?

- Malheureusement non. Mais si je peux vous donner un conseil, prenez des bains de boue... volcanique si vous le voulez... Un dernier voyage, une façon de joindre l'utile à l'agréable.

- Est-ce que je vais vivre plus longtemps si je prends des bains de boue? En quoi cela peut-il m'aider?

- Non. C'est seulement pour vous habituer à la terre...

Trop de stress et de mauvaises habitudes de vie peuvent entraîner un vieillissement prématuré du corps.

QUEL EST LE COMBLE DE L'INQUIÉTUDE POUR UN VAMPIRE?

RÉPONSE : C'EST DE SE FAIRE DU MAUVAIS SANG.

QUELS SONT LES COLLATIONS PRÉFÉRÉES DES VAMPIRES?

RÉPONSE : LES CROQUE-MONSIEUR ET LES CROQUE-MADAME...

J'AI 4 BRAS, 3 YEUX ET 42 DENTS,
QUI SUIS-JE?

RÉPONSE : UN MENTEUR.

QUEL EST LE COMBLE POUR UN VAMPIRE?

RÉPONSE : C'EST DE PERDRE SON
SANG-FROID...

Un joueur de hockey va chez
le coiffeur.
- Quelle coupe voulez-vous?
demande le coiffeur.
- Je veux la coupe Stanley,
répond l'homme.

RACHEL, 8 ANS,
RÉGION DE LA BEAUCE

Un designer de meubles conçoit des divans avec des cercueils. Les élégants sofas aux couleurs vibrantes sont chics, mais un peu morbides. Avant de s'asseoir dessus, il ne serait pas bête de vérifier s'il s'agit d'un sofa-lit...

Mon premier est la deuxième consonne de l'alphabet.

Mon deuxième est la 17e lettre de l'alphabet.

Mon troisième est une céréale avec laquelle on peut faire un pouding.

Mon quatrième est le vrai nom de la planète bleue.

Mon tout n'est pas dangereux.

COMMENT APPELLE-T-ON UN VAMPIRE QUI NE VEUT PAS PARTAGER SON REPAS?

RÉPONSE : UN SANG CŒUR.

Danger public! En Suisse, un millionnaire a reçu une contravention équivalant à près de 300 000 $. Il était au volant de sa Ferrari rouge lorsqu'il a dépassé la limite de vitesse de plus de 50 km/h.

En vieillissant, hommes et femmes
perdent quelques centimètres
de hauteur.

Mon premier est la lettre X
prononcée en anglais.

Mon deuxième vient après la.

Mon troisième se mesure en
secondes, en minutes, en
heures, en jours, etc.

Mon tout est agréable.

● ●

Les chiens adorent gruger mon
premier.

Mon second est le vrai nom de
la planète bleue.

Mon tout est plutôt triste.

QU'EST-CE QUI COURT AUTOUR D'UN CIMETIÈRE, MAIS QUI NE BOUGE PAS?

RÉPONSE : LA CLÔTURE...

QU'EST-CE QUE LE MOT HUMAIN SIGNIFIE POUR UN MONSTRE?

RÉPONSE : REPAS.

Du Moyen Âge jusqu'aux années 1800, il n'était pas rare que des paysans d'Europe manifestent des symptômes étranges, comme des hallucinations et la distorsion du visage. Dans beaucoup de cas, ces pauvres gens étaient accusés de sorcellerie... On sait aujourd'hui qu'ils avaient simplement mangé du pain contaminé par un champignon.

COMMENT LES MONSTRES ARRIVENT-IL À COMPTER JUSQU'À 13?

RÉPONSE : EN COMPTANT LEURS DOIGTS.

QUELLE EST LA LETTRE LA PLUS TRANCHANTE?

RÉPONSE : H (HACHE)

Je ris, tu ris, il rit, nous vivons! Une
étude américaine a démontré que plus
on rit, plus on a de chances de vivre
longtemps. Il faut prendre ça au
sérieux, mais pas trop...

Un squelette demande à son ami
squelette :

- Combien font 13 + 13?

- Je n'en sais rien du tout...

- Tu as vraiment la tête creuse! C'est
le cas de le dire...

Un squelette rencontre un vieil ami au
parc d'amusements.

- Veux-tu bien me dire pourquoi tu te
promènes la tête sous le bras?

- Tu devrais te dépêcher de faire
pareil si tu veux monter... Regarde,
c'est écrit : hauteur maximum : 1,50 m.

Monstre des mers...
Une pieuvre avec neuf tentacules,
c'est rare, mais possible.

Un squelette tombe en bas d'un pont. Il essaie tant bien que mal de garder la tête hors de l'eau et se met à crier :

- Au secours! Je vais me noyer! Je ne sais pas nager!

- Pas de panique! crie son ami squelette du haut du pont. Inutile de te faire du souci. Tu devrais savoir qu'on ne peut pas se noyer deux fois!

Fais-nous rire!

Envoie-nous ta meilleure blague.
Qui sait? Elle pourrait être publiée dans
un prochain numéro des
100 BLAGUES! ET PLUS...

100 Blagues! et plus...
Éditions Scholastic
604, rue King Ouest
Toronto (Ontario)
M5V 1E1

Au plaisir de te lire!

Nous nous réservons le droit de réviser,
de modifier, de publier ou d'utiliser
les blagues à d'autres fins, dont la promotion,
sans autre avis ou compensation.

Solutions

VRAI OU FOU?

Page 19

1- Vrai

2- Fou. Une personne chafouine a l'air sournois ou rusé.

3- Vrai.

Page 69

1 - Fou. C'est une façon d'exprimer une idée en exagérant.

2- Vrai

3- Fou. C'est un dessert traditionnel de la Basse-Normandie, en France, à base de riz et de lait.

108